Ahoi!
Ein Pirat geht auf eine
Seh-Fahrt!

Alexandra Spichtig

Mit Illustrationen von Antonella Fant

Copyright ©2023 Alexandra Spichtig

Published by Miriam Laundry Publishing Company
www.miriamlaundry.com

Alexandra Spichtig: Foto von Kristy Dooley
Antonella Fant: Foto von Dario Andres Tiscornia

Alle Rechte vorbehalten.
Dieses Werk, einschließlich seiner Teile, ist urheberrechtlich geschützt. Nachdruck, auch in Auszügen, ist nicht gestattet. Kein Teil dieses Werkes darf ohne schriftliche Genehmigung der Autorin in irgendeiner Form reproduziert, vervielfältigt oder verbreitet werden.

HC ISBN 978-1-77944-009-9
PB ISBN 978-1-77944-008-2
e-Book ISBN 978-1-77944-007-5

Autorin: Alexandra Spichtig
www.alexandraspichtig.com
Illustration und Gestaltung: Antonella Fant
www.antonellafant.com

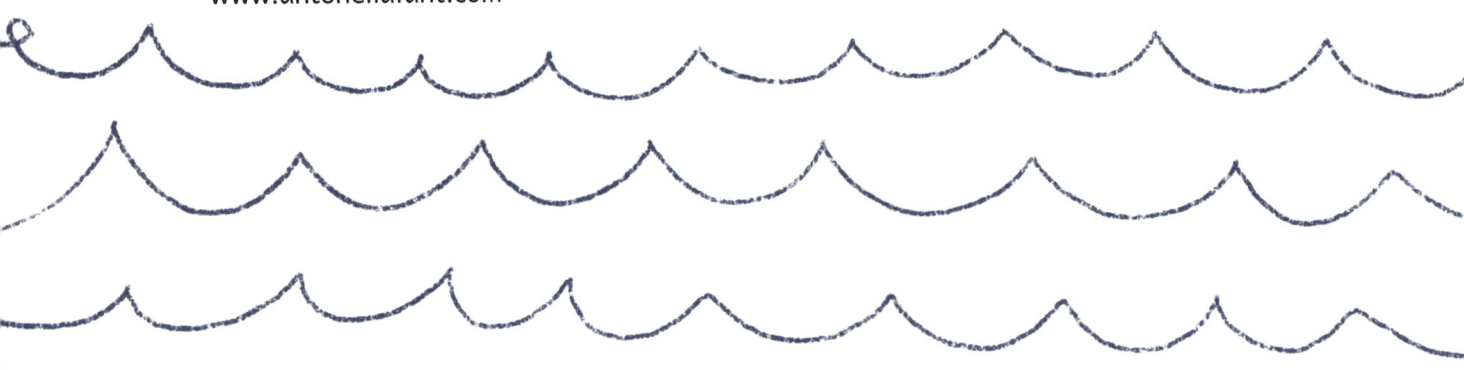

Für alle Kinder, die an ihrer Intelligenz und ihrem Potenzial zweifeln, weil sie Schwierigkeiten beim Lesen haben.

Max geht in die zweite Klasse. Gerade sitzt er im Klassenzimmer und schaut aus dem Fenster. Dabei denkt er an seine beste Freundin Coco. Max erinnert sich an die vielen Piratenabenteuer, die sie schon zusammen erlebt haben.

Coco ist eine Papageiendame. Sie ist aber nicht echt. Sie ist ein Papageienroboter. Die ältere Schwester von Max, Gina, hat ihm Coco geschenkt. „Jeder schlaue Pirat braucht einen Papagei!", hat sie damals gesagt.

Gina hatte recht. Mit Coco an seiner Seite fühlt sich Max wie ein echter Pirat. In seinen Lieblingskleidern sieht er auch aus wie ein Pirat. Er redet sogar wie ein Pirat. Coco versteht Max, wenn er verkündet:

„Ahoi, Kamerad! Arrgh! Yo ho ho!"

„Max, träumst du schon wieder?", ruft Frau Müller, seine Lehrerin, von vorne im Klassenzimmer.

Max hatte sich riesig auf die Schule gefreut. Er konnte es kaum erwarten, in die Schule zu gehen. Er hat auch gedacht, dass er schlau sei. Aber das denkt Max nicht mehr. Je länger Max zur Schule geht, desto weniger gefällt es ihm dort. Und schlau fühlt er sich auch nicht mehr.

Die Schulglocke klingelt. Max muss seine Schularbeiten zu Hause fertig machen. Schon wieder!

Als Max zu Hause ankommt, rast er sofort in sein Zimmer.

„Ahoi, Coco! Anker lichten!"
„AYE, AYE, KAPITÄN!",

antwortet Coco.

Gemeinsam verteidigen Max und Coco ihr Schlafzimmer gegen Räuber. Die meisten Piraten sind dafür bekannt, dass sie andere beklauen. Aber Max ist ein besonderer Pirat. Max hilft gerne anderen.

Als Gina plötzlich ins Schlafzimmer stürmt, springen Max und Coco vor Schreck auf. „Max, schnell! In die Kombüse! Mama will die ganze Mannschaft am Tisch haben! Sofort!"

Nach dem Essen fragt Papa: „Hast du deine Hausaufgaben schon gemacht, Max?"

„Ups! Hab ich vergessen", antwortet Max. „Ich muss noch ein Arbeitsblatt fertig machen."

„Und wie sieht es mit dem täglichen Lesen aus?", fragt Mama.

„Hab ich auch noch nicht gemacht", murmelt Max.

„Du hast beides noch nicht erledigt?" Max kann an Mamas Stimme hören, dass sie mit ihm überhaupt nicht zufrieden ist.

Das Lesen fällt Max schwer. Er verliert immer wieder die Zeile. Er überspringt auch Wörter, obwohl er das nicht absichtlich macht. Manchmal versucht Max, Wörter, die er nicht sofort erkennt, zu erraten.

„Max, gibst du dir überhaupt Mühe?", fragt Papa ein bisschen ungeduldig.

„Klar gebe ich mir Mühe!", antwortet Max. „Ich versuche doch, den Wörtern nachzujagen und sie zu lesen, bevor sie sich wieder bewegen."

Papa runzelt die Stirn. „Erzähl doch bitte keine Märchen."

Max bricht in Tränen aus. „Das tue ich nicht! Ich sage die Wahrheit!"

„Beschreib mir doch noch einmal genau, was du siehst, Max", bittet ihn Mama.

„Die Wörter bewegen sich auf dem Blatt", erklärt Max. „Manchmal kleben sie aneinander. Manchmal verstecken sie sich hintereinander. Und manchmal entfernen sie sich voneinander."

Er atmet tief durch. „Manchmal sind die Buchstaben von einem Schatten umgeben. Und manchmal sind die Wörter wie Wasser. Die Buchstaben tanzen wie Wellen. Sie bewegen sich auf und ab. Dann muss ich ihnen hinterherjagen."

Mama und Papa sehen einander an.

„Das ist so schwer!",

beklagt sich Max. „Je mehr ich mich anstrenge, desto mehr tun mir die Augen und der Kopf weh."

„Also gut, Max", sagt Mama. „Zeit fürs Bett. Gönne deinen Augen und deinem Kopf heute Abend eine Pause."

Am nächsten Tag geht Mama mit Max zu einem Optometristen, damit er die Augen von Max untersuchen kann.

„Hallo Max. Ich habe gehört, dass dir das Lesen Probleme bereitet", sagt Herr Costa. „Schauen wir uns das doch mal genauer an und finden wir heraus, was da los ist."

Nachdem Herr Costa die Augen von Max untersucht hat, verkündet er: „Ich habe gute Nachrichten für dich, Max. Deine Augen sind kerngesund. Deine Sehkraft ist völlig in Ordnung. Aber...

... deine Augen arbeiten nicht so gut zusammen. Das ist der Grund, warum du Schatten siehst und Buchstaben, die sich bewegen", fügt Herr Costa hinzu.

Max ist einen Moment lang still, während er darüber nachdenkt. „Meine Augen müssen zusammenarbeiten, wie eine gute Piratenmannschaft auf einem Schiff."

„Das stimmt, Max! Damit deine Augen lernen, besser zusammenzuarbeiten, möchte ich, dass du ein paar Augenübungen machst."

„Augenübungen?", schimpft Max.

„So etwas machen Piraten nicht!"

Herr Costa schmunzelt. „Ein Pirat muss sehr gute Sehfähigkeiten haben, Max. Wenn ein Pirat auf stürmischer See fährt, muss er sein Gleichgewicht halten können, während er sein Schiff steuert. Versuch mal Folgendes. Steh auf einem Bein. Dann verfolge meinen Stift mit deinen Augen, während ich ihn bewege."

„Das ist schwierig", stöhnt Max, als er ins Schwanken gerät.

Herr Costa stützt Max und erklärt: „Wenn du diese Augenübungen machst, wirst du dein Gleichgewicht besser halten können. Du wirst den Wörtern nicht mehr hinterherjagen müssen. Und das Lesen wird dir viel einfacher fallen. Du wirst auch Schatzkarten viel schneller lesen können, Max."

Max verschränkt die Arme vor der Brust. Er ist noch nicht so ganz überzeugt.

„Könnte das hier vielleicht helfen?" Herr Costa hält eine Augenklappe hoch. „Für einige Übungen musst du so was tragen."

Max grinst und setzt die Augenklappe auf.

„Aye, aye, Kamerad!"

Jeden Tag nach der Schule arbeiten Max und Coco zusammen. Gina ist ihre Trainerin. Sie machen viele verschiedene Übungen.

Manchmal darf Max die Augenklappe tragen, damit er seine Augen auch einzeln trainieren kann.

Bei anderen Übungen liegen Max und Coco auf dem Boden, während Gina einen Piratenschatz über ihren Köpfen hin- und herbewegt. Sie dürfen dem Schatz nur mit den Augen folgen, ohne den Kopf zu bewegen.

Eine der Übungen ist wie Zauberei. Max muss zwei Bilder in ein einziges verwandeln, indem er auf einen Punkt vor den Bildern schaut. Das fällt ihm einfacher, wenn er auf die Spitze eines Bleistifts schaut.

Das Spionagespiel macht Max besonders gerne. Er fühlt sich, als wäre er auf einer Piratenexpedition. Gina zeichnet oder schreibt lustige Sachen auf verschiedene Karten und verteilt sie überall im Zimmer. Einige sind in der Nähe, andere weiter weg. Max muss sich jede Karte genau anschauen und Gina sagen, was er sieht, ohne seinen Wachposten zu verlassen.

Nachdem Max ein paar Wochen lang geübt hat, sieht er Sachen viel klarer und schneller.

Es ist Zeit für eine Kontrolle bei Herrn Costa.

Dieser zeigt sich begeistert: „Gute Arbeit, Max. Deine Augen arbeiten jetzt viel besser zusammen."

Max verkündet: „Meine Augen und mein Kopf tun nicht mehr weh. Und ich muss nicht mehr den Wörtern hinterherjagen. Aber das Beste ist, dass ich jetzt meine Schularbeiten in der Schule fertig mache!"

Zu Hause angekommen, rast Max in sein Zimmer. Er ist froh, dass er keine Schularbeiten mehr zu erledigen hat. Jetzt hat er viel Zeit, um Bücher zu lesen. Heute Abend liest er „Wie trainiert man einen Piratenpapagei?"

„Ahoi, Coco! Anker lichten!",

kommandiert Max.

„Es ist Zeit für dein Training."

„AYE, AYE, KAPITÄN!"

Max liest gerne mit Coco. Sie lernen viele spannende Sachen.

Max fühlt sich wie der schlauste Pirat aller Zeiten!

Vier Arten von Übungen, die MAX machte

Warum sind diese Aktivitäten wichtig?

Über die Planke gehen (visuelle Aufmerksamkeit und flexibles Fixieren)

Diese Übung unterstützt die Entwicklung der Fixationsflexibilität der Augen. Die Augen lernen, schneller zu fixieren und zu fokussieren, nachdem sie ihren Blickpunkt von einem Ort zum anderen verschoben haben. Die Fähigkeit, den Blick präzise und mühelos auszurichten, ist eine wichtige Grundlage, um sich in jeglicher Umgebung leicht zurechtzufinden. Dies ist besonders wichtig, um flüssig lesen zu können. Nur wenn die Augen effizient durch den Text navigieren und präzise und mühelos Wörter fixieren können, kann man das Lesen auch geniessen, anstatt sich vom Lesevorgang erschöpft zu fühlen.

Verfolge den Gegenstand (kontrollierte Augenbewegungen)

Diese Übung unterstützt die Entwicklung gezielter und kontrollierter Augenbewegungen. Man lernt, Gegenständen mühelos nur mit den Augen zu folgen, ohne dabei den Kopf zu bewegen, selbst wenn die Gegenstände die Mittellinie des Körpers überschreiten. Verlässliche und kontrollierte Augenbewegungen sind zur Erfüllung verschiedenster Aufgaben unabdingbar. Diese Fähigkeit ist besonders wichtig, um beim Lesen effizient durch den Text navigieren zu können.

Flache Fusionskarten (binokulare Fusion und Augenzusammenarbeit)

Diese Übung unterstützt die Entwicklung einer flexiblen Interaktion zwischen den Fokussierungs- und Augenkoordinationssystemen. Ausgeprägte binokulare Fusions- und Augenkoordinationsfähigkeiten helfen, Wörter einfach und scharf zu sehen. Sie sorgen auch für eine gute Tiefenwahrnehmung, da das Gehirn die Bilder, die es von jedem Auge separat empfängt, kombiniert und daraus ein einziges 3-D-Bild erstellt.

Spionage (Akkommodation)

Diese Übung hilft den Augen die Fähigkeit zu entwickeln, den Fokus präzise und effizient zwischen verschiedenen Orten in unterschiedlichen Entfernungen hin- und herzubewegen. Dies ist wichtig bei Aktivitäten, wo der Fokus abwechslungsweise auf die Nähe (z. B. lesen, Arbeitsblätter bearbeiten oder einen Ball fangen) und auf die Ferne gerichtet werden muss (z. B. auf ein Smartboard oder eine Tafel schauen, Schilder lesen oder zielen beim Werfen eines Balles).

> Scan diesen Code, um hilfreiche Dokumente herunterzuladen, einschließlich einer Bastelanleitung für eine Piraten-Augenklappe!
> https://alexandraspichtig.com/books

Anmerkung der Autorin

Viele Kinder mit mangelnden Sehfähigkeiten merken selber nicht, dass sie die Dinge nicht gleich sehen wie andere. Ihre Augen sind gesund. Folglich wird die Ursache ihrer Probleme oft übersehen. Ich hoffe, dass diese Geschichte einen Einblick gibt, wie wichtig visuelle Fähigkeiten für effizientes Lesenlernen sind.

Im Laufe mehrerer Jahrzehnte habe ich als Klassenlehrerin, Unterrichtsmaterial Designerin und Forscherin miterlebt, wie das anfängliche Leuchten in den Augen begeisterter, neugieriger Schülerinnen und Schüler allmählich erlosch, weil sich bei ihnen Selbstzweifel einschlichen, die sie glauben ließen, sie hätten Schwierigkeiten beim Lesen, weil sie nicht intelligent genug seien. Und die Schüler und Erwachsenen in ihrem Umfeld erkannten nicht, dass einige dieser Schwierigkeiten auf die noch nicht entwickelten, für effizientes Lesen erforderlichen visuellen Fähigkeiten zurückzuführen sind.

Visuelle Fähigkeiten sind entscheidend für die schulische Reife der Schülerinnen und Schüler. Mehr als ein Dutzend visueller Fähigkeiten sind notwendig, um Lernaufgaben speditiv zu bewältigen. Tatsächlich wird geschätzt, dass über 70% der typischen Unterrichtsaktivitäten in irgendeiner Weise visuelle Fähigkeiten erfordern. Anzeichen für Sehprobleme sind eine kurze Aufmerksamkeitsspanne, schnelle Ermüdung und leichte Ablenkung. Für Kinder mit unterentwickelten visuellen Fähigkeiten ist der Leseprozess oft sehr mühsam. Sie meiden das Lesen und behaupten oft, sie lesen nicht gerne, weil es langweilig sei. Beim Lesen verlieren sie häufig ihre Position und wiederholen oder überspringen Wörter oder Zeilen. Ähnliche Wörter verwechseln sie oder erkennen sie im nächsten Satz oft nicht wieder. Sie sind häufig nicht in der Lage, sich das Gelesene vorzustellen. Manche neigen beim Lesen den Kopf und klagen über Kopfschmerzen oder Überanstrengung der Augen. Für sie scheint es, als würden sich die Wörter beim Lesen bewegen.

Sowohl Menschen mit gutem Sehvermögen als auch Brillentragende können unterentwickelte visuelle Fähigkeiten haben. Erfreulicherweise zeigen Studien, dass visuelle Fähigkeiten durch gezieltes Training verbessert werden können. Ähnlich wie wir durch Übung unsere sportlichen Fähigkeiten entwickeln, können wir unsere visuellen Fähigkeiten schulen, um effizienter zu arbeiten. Ein zusätzlicher Bonus ist, dass Kinder, die ihre visuellen Fähigkeiten trainieren, oft auch eine bessere sportliche Leistung erzielen! Bevor man die Arbeitsleistung oder die kognitiven Fähigkeiten von Schülerinnen und Schülern mit Leseschwierigkeiten infrage stellt, sollte man sichergehen, dass sie die notwendigen visuellen Grundvoraussetzungen haben, um die geforderte Leistung zu erbringen. Zu den visuellen Fähigkeiten gehören zum Beispiel das Verfolgen von Objekten/Gegenständen (Augen bewegen sich genau, mühelos und schnell von einem Ort zum anderen), die binokulare Koordination (beide Augen arbeiten als ein koordiniertes Team), die Akkommodation (die Fähigkeit, den Fokus schnell zwischen nahen und fernen Zielen zu wechseln) und die visuelle Verarbeitung (die Fähigkeit zu verstehen, was wir sehen).

Ich hoffe, dass diese Geschichte ein Gesprächsstarter sein kann, indem sie Kindern Wörter und Gesprächsstoff vermittelt, um zu beschreiben, was sie sehen, und Erwachsenen hilft, Anzeichen zu erkennen und die richtigen Fragen zu stellen. Je nach Schweregrad ihrer Sehschwächen und unterentwickelten visuellen Fähigkeiten können Kinder wie Max von einer professionellen Untersuchung durch einen Funktional-Optometristen profitieren. Die Website des College of Optometrists in Vision Development (www.covd.org) bietet viele nützliche Hilfsmittel, darunter ein Quality of Life Survey, um die Notwendigkeit einer professionellen Untersuchung festzustellen, sowie eine Liste empfohlener Spezialisten in der Umgebung. Die Webseite der Wissenschaftlichen Vereinigung für Augenoptik und Optometrie (www.wvao.org) ist ebenfalls eine nützliche Ressource, um Fachleute im Bereich Funktionaloptometrie in der Nähe zu finden.

Abschließend möchte ich darauf hinweisen, dass, obwohl sich dieses Buch auf die visuellen Fähigkeiten konzentriert, die auditive Verarbeitung und die motorischen Fähigkeiten von Kindern gleichermaßen sorgfältig berücksichtigt werden sollten, da auch Defizite in diesen Bereichen sich negativ auf das Lernen auswirken können.

ÜBER DIE AUTORIN

Alexandra (Alex) Spichtig hat ihre Karriere der Bildung sowie der Erforschung und dem Verständnis der Rolle von Augenbewegungen und visuellen Fähigkeiten beim Lesen gewidmet. Sie begann ihre berufliche Laufbahn als Primarlehrerin in der Schweiz, bevor sie in die USA zog, wo sie einen Masterabschluss im Unterrichten von Englisch als Zweit- oder Fremdsprache und ihren PhD in Unterrichtsdesign für Online-Lernen erwarb. In ihrer vorherigen Position als Chief Research Officer bei Reading Plus integrierte Alex ihre Forschungsergebnisse zur stillen Lesekompetenz in Lehr- und Testmitteln. Diese Materialien konzentrieren sich auf die Förderung der stillen Lesekompetenz von Schülerinnen und Schülern und das Messen einzigartiger Leseeigenschaften, darunter die verständnisbasierte stille Lesegeschwindigkeit sowie die Lesemotivation.

Alex hat auf verschiedenen internationalen Konferenzen Vorträge zu den Themen Lesekompetenz und Augenbewegungsforschung gehalten. Sie ist Mitautorin von Buchkapiteln und hat Artikel in Fachzeitschriften veröffentlicht. Eine bedeutende Studie analysierte die Veränderungen in der Effizienz des stillen Lesens über einen Zeitraum von 50 Jahren und wurde 2016 im „Reading Research Quarterly" veröffentlicht.

In ihrer aktuellen Position als Mitbegründerin und CEO der Stanford Taylor Foundation leitet Alex Forschungsprojekte, die sich auf die Entwicklung visueller Fähigkeiten und den Zusammenhang zwischen visuellen Fähigkeiten und akademischem Erfolg konzentrieren. Alex engagiert sich für die Förderung eines breiteren Verständnisses der wesentlichen Rolle, die visuelle und wahrnehmungsbezogene Fähigkeiten bei Lesen, Lernen und Sport spielen.

ÜBER DIE ILLUSTRATORIN

Maria Antonella Fant wurde in Argentinien geboren und lebt zurzeit auch dort. Sie hat Grafikdesign und Illustration studiert und ist eine visuelle Designerin, Kinderbuchillustratorin und Konzeptkünstlerin. Schon in jungen Jahren hatte Antonella ein ausgeprägtes Selbstbewusstsein. Als sie heranwuchs, entwickelten ihre Illustrationen eine sehr ähnliche Persönlichkeit – kindlich, unruhig und neugierig. Sie ließ sich von Zeichentrickfilmen und Kinderbüchern, die sie als Kleinkind las, inspirieren. Antonella liebt es, Charaktere und Geschichten zu erschaffen. Sie genießt es, als Kind zu denken und zu zeichnen, wie Kinder und für Kinder.

www.ingramcontent.com/pod-product-compliance
Lightning Source LLC
Chambersburg PA
CBHW040017050426
42451CB00002B/16